Rogério Andrade Barbosa

Contos das terras da Rainha de Sabá

ILUSTRAÇÕES DE VANINA STARKOFF

1ª EDIÇÃO

TEXTO © Rogério Andrade Barbosa, 2022
ILUSTRAÇÕES © Vanina Starkoff, 2022

DIREÇÃO EDITORIAL	Maristela Petrili de Almeida Leite
COORDENAÇÃO DE EDIÇÃO DE TEXTO	Marília Mendes
EDIÇÃO DE TEXTO	Ana Caroline Eden, Thiago Teixeira Lopes
COORDENAÇÃO DE EDIÇÃO DE ARTE	Camila Fiorenza
PROJETO GRÁFICO E DIAGRAMAÇÃO	Isabela Jordani
COORDENAÇÃO DE REVISÃO	Elaine Cristina del Nero
REVISÃO	Palavra Certa
COORDENAÇÃO DE *BUREAU*	Rubens M. Rodrigues
PRÉ-IMPRESSÃO	Everton Luís de Oliveira Silva, Vitória Sousa
COORDENAÇÃO DE PRODUÇÃO INDUSTRIAL	Wendell Jim C. Monteiro
IMPRESSÃO E ACABAMENTO	EGB Editora Gráfica Bernardi Ltda.
LOTE	754760/754761
COD	120002607/130002680

Dados Internacionais de Catalogação na Publicação (CIP)
(Câmara Brasileira do Livro, SP, Brasil)

Barbosa, Rogério Andrade
  Contos das terras da rainha de Sabá / Rogério Andrade Barbosa ; ilustrações Vanina Starkoff.
— 1. ed. — São Paulo : Moderna, 2022.

ISBN 978-85-16-13051-0
1. Literatura infantojuvenil I. Starkoff, Vanina.
II. Título.

21-69710   CDD-028.5

Índices para catálogo sistemático:
1. Literatura infantil 028.5
2. Literatura infantojuvenil 028.5
Maria Alice Ferreira - Bibliotecária - CRB-8/7964

Editora Moderna Ltda.
Rua Padre Adelino, 758 – Quarta Parada
São Paulo - SP - CEP: 03303-904
Central de atendimento: (11) 2790-1300
www.moderna.com.br
Impresso no Brasil
2022

PARA LUCIANE STOCHERO,

QUE TAMBÉM ANDOU POR TERRAS AFRICANAS.

Sumário

NOTA DO AUTOR, 9

1. O CONTADOR DE HISTÓRIAS , 10

2. A BOLSA PERDIDA, 18

3. TUDO MUDA, TUDO PASSA, 24

4. OS DOIS PASTORZINHOS, 32

5. O CICLO DA VIDA, 38

6. O POÇO DE ABUNAWAS, 44

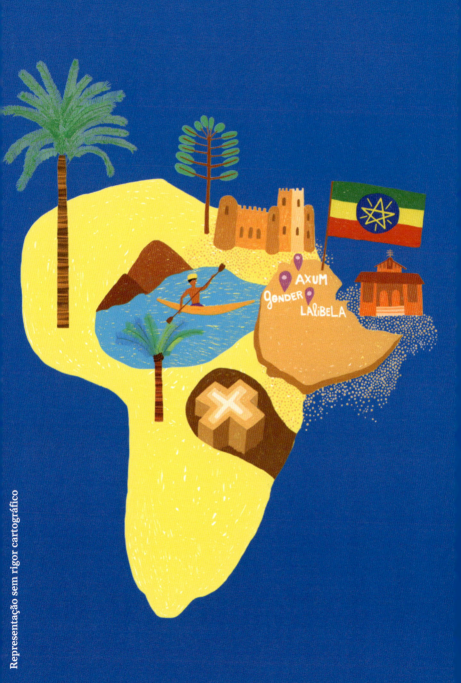

Representação sem rigor cartográfico

Nota do autor

Em 2014, após muitos anos de vivências, andanças e pesquisas pelo vasto continente africano, concretizei o sonho de conhecer a milenar Etiópia. Nas escolas que visitei na moderna capital, Adis Abeba, os alunos, como sempre, a meu pedido, me presentearam com um bocado de contos de seu diversificado patrimônio oral. Muitos deles eu já conhecia, pois, narrados e retransmitidos boca a boca desde tempos imemoriais, encontram-se registrados em obras de diversos autores. Algumas das histórias que eu selecionei para recontar se passam em cidades históricas do país, como Gonder, Lalibela e Axum. Lugares que tive o prazer de percorrer e de me deslumbrar com a riqueza de seus monumentos. Encantem-se, portanto, da mesma forma como eu me encantei também, com esses maravilhosos relatos etíopes.

1. O contador de histórias

Em Gonder, no tempo em que a cidade de castelos medievais era a capital da Etiópia, havia um rei que adorava ouvir histórias. Esse monarca apreciava qualquer gênero de narrativa, não importava qual fosse. Todas lhe davam um imenso prazer.

– Nunca se cansa de ouvir tantas histórias? – reclamava a rainha.

– Ainda não nasceu um contador de histórias que me faça dizer "Basta! Não aguento mais!" – retrucava o soberano.

– Impossível. Deve ter alguém capaz de tal façanha – insistia a esposa, aborrecida com a mania do marido.

– Podem anunciar em todas as praças e mercados do país, que se houver, o que eu duvido, essa pessoa receberá uma grande quantia de moedas de ouro – prometeu o esposo.

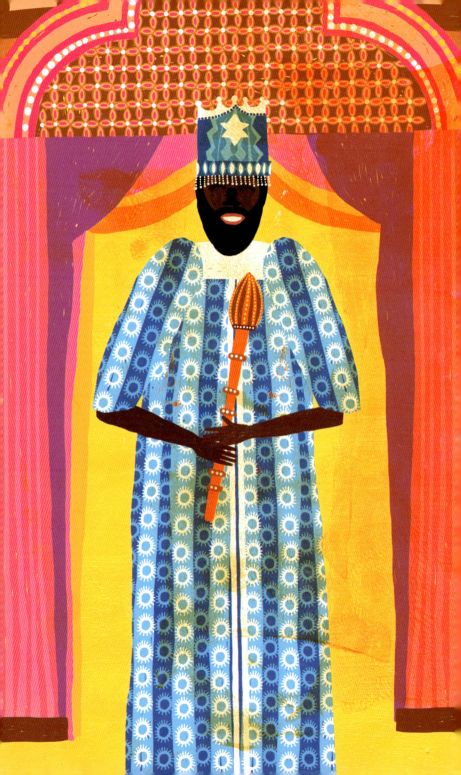

Emissários da corte logo proclamaram, ao som de trombetas estridentes, a tentadora proposta real. Contadores de histórias afamados dos mais diversos rincões da Etiópia, atraídos pelo valor da recompensa, não tardaram a atender ao chamado. Os de mais posses, acostumados a se exibir em grandes cidades, chegavam montados em burricos ou em camelos. Os andarilhos, daqueles que iam de aldeia em aldeia, não importava a distância vinham a pé mesmo.

A todos o rei escutava com extrema atenção. Mas nenhum deles foi capaz de fazer com que ele dissesse: **"BASTA! NÃO AGUENTO MAIS!".**

Meses depois, um rapazinho, com o cajado usado pelos pastores ao ombro, e as sandálias empoeiradas gastas de tanto andar, assegurou ao rei:

— Vou contar uma história que fará Vossa Majestade gritar de raiva.

— Quem você pensa que é? – questionou o soberano, espantado com a audácia do jovem. – Conheço todo tipo de histórias. Os que vieram antes de você, muito mais velhos e experientes, desistiram.

— Não vai ser o meu caso, majestade.

– Então, conte.

O moço, após pedir licença, sentou-se numa almofada aos pés do trono real. Depois, de acordo com a tradição, pronunciou as palavras usadas na abertura de histórias etíopes:

– *Teret teret. Ye lam beret* (As vacas e as ovelhas estão no curral. É hora de ouvir histórias).

Feita a introdução, começou:

– Um fazendeiro, dono de muitas terras, possuía um extenso milharal. Quando as espigas amadureceram, os empregados da propriedade recolheram e guardaram, em um celeiro, os valiosos grãos em milhares de sacos empilhados uns sobre os outros.

– Devia ser um lugar bem grande – opinou o rei.

– Sim, imenso. Trancado a sete chaves pra evitar a entrada de ratos – explicou o moço, não se importando com a interrupção.

– Lógico, senão os roedores fariam a festa – disse o rei, que adorava dar seus palpites. – Por favor, prossiga.

O camponês respirou fundo e continuou:

– Os trabalhadores, porém, não notaram um buraquinho numa das paredes do galpão. Tão pequeno que mal dava pra perceber. E foi por ali que entrou uma formiga.

– São danadas mesmo – opinou o rei novamente.

– Aproveitam qualquer brecha que encontram.

O rapaz, sem se perturbar com os constantes e irritantes comentários, deu continuidade ao conto:

– A formiga pegou um dos grãos de milho e o carregou para fora...

– Ah, essa história eu ainda não tinha escutado. – Quem foi que lhe contou?

– Foi o meu pai, que a ouviu de seu bisavô.

– "Os idosos são os que contam melhor, pois já escutaram mais" – complementou o rei, citando um antigo provérbio africano.

– No dia seguinte, veio outra formiga e levou mais um grão – emendou o moço.

– Sim, sim – disse o rei, balançando a cabeça.

– Um dia depois apareceu outra formiga.

– E carregou mais um grão? – deduziu o atento ouvinte.

– Isso mesmo, Majestade.

– Ah, compreendi. E o que aconteceu depois? Elas carregaram tudo? O dono descobriu? – questionou o mandatário, que, pelo modo como reagia, dava mostras de estar perdendo a calma.

O rapaz fez que não escutou e prosseguiu na mesma lenga-lenga:

– No dia seguinte, veio outra formiga e levou mais um grão.

– Já sei! Não precisa repetir o tempo inteiro os mesmos detalhes! – reclamou o monárca, elevando a voz pela primeira vez.

– No dia seguinte...

– Por favor. Tenha paciência! – tornou a interromper o rei. – Não vai me dizer que surgiu mais uma formiga.

– Foi o que aconteceu. É que havia muitas formigas – disse o camponês. – No dia seguinte, veio outra formiga...

– Entendi, entendi... Só estou lhe avisando, pela milésima vez, que não precisa se prolongar tanto assim.

– Peço perdão pela longa introdução, Majestade. Mas cada história tem um sabor diferente. Senão, perde a graça.

O monarca, procurando conter a raiva, admitiu:

– Tem razão. Está perdoado. Mas você devia saber também que toda história tem um princípio, um meio e um fim. E a sua, até agora, nem saiu do começo.

– Acontece que o celeiro estava abarrotado de grãos. No outro dia, veio outra formiga...

– Assim não é possível!

— Tem de ser deste modo, pois enquanto o celeiro não for esvaziado completamente, eu não posso continuar a história. No outro dia...

— Quer me enlouquecer? – protestou o rei, tapando os ouvidos com as mãos cheias de anéis.

— Calma, meu senhor. Eu ainda nem cheguei ao meio da história.

— E pelo jeito, nunca vai chegar ao fim!

— Vou, mas primeiro as formigas precisam terminar o serviço.

— Falta muito ainda?

O rapazinho, com um ar pensativo, colocou a mão na testa, fechou os olhos e se pôs a mexer os lábios como se estivesse fazendo uma conta em silêncio.

— Hum... Pelos meus cálculos, uns dez mil grãos – assegurou ao final da soma.

— Tudo isso? – espantou-se o rei.

— Mais ou menos. E aí apareceu outra formiga...

— Não! Não! – exasperou-se o soberano, arrancando e jogando a coroa de ouro cravejada de diamantes no chão.

— BASTA! NÃO AGUENTO MAIS! PEGUE A SUA RECOMPENSA E SUMA DA MINHA FRENTE O MAIS RÁPIDO POSSÍVEL.

— Obrigado, Majestade – agradeceu o contador de histórias, antes de partir com o saco de moedas de ouro pendurado nas costas.

2. A bolsa perdida

Dizem que esta história se passou nos tempos da lendária rainha de Sabá, dona de uma beleza incomparável, por quem o rei Salomão de Jerusalém se apaixonou perdidamente. Ou talvez, ela tenha acontecido durante a regência do último imperador etíope, Hailé Selassié, o Leão de Judá.

O que importa, porém, é o que vou lhes contar sobre as desventuras de um andarilho avarento.

Esse homem, chamado Bollo, após caminhar dias e noites, chegou a Lalibela. Nessa cidade santa, obteve permissão de um monge para pernoitar na igreja de São Jorge, um templo em forma de cruz escavado numa enorme rocha, visitado por peregrinos de toda a Etiópia.

O caminhante, antes de se deitar, conferiu, como fazia todos os dias, o conteúdo da sacola que levava ao ombro. No interior da mochila de couro, além da grossa manta que usava para se aquecer, ele guardava uma bolsa com cem moedas. Oitenta delas, de prata. E as outras vinte, de ouro.

O dono da pequena fortuna levou um susto ao não encontrar o seu tesouro particular. Logo percebeu que a causa do sumiço foi um buraco que se abrira no fundo da sacola. "Com certeza o dinheiro deve ter sido encontrado por alguém", pensou ele.

Na manhã seguinte, sem revelar a quantia exata, relatou ao sacerdote a sua perda. O monge, então, lhe fez uma proposta:

– Posso ajudá-lo, contanto que você doe uma pequena parte de suas moedas para as obras de nosso templo.

Bollo, embora fosse um sujeito mesquinho, concordou, de má vontade, em doar o dinheiro solicitado para a igreja.

No outro dia, na hora das orações matinais, o monge comunicou aos fiéis da localidade que o seu hóspede havia perdido uma bolsa cheia de moedas.

– A pessoa que encontrá-la, como todo bom cristão, tem o dever de restituí-la ao seu legítimo dono. E lembrem-se: aquele que desobedecer a esse mandamento sofrerá as consequências divinas e não alcançará o reino do céu – ameaçou, erguendo as mãos para o alto.

As palavras do sacerdote logo chegaram aos ouvidos de Zuri, uma vendedora de cereais que morava com os pais nos arredores da cidade. A moça quase não dormira na noite anterior após ter encontrado a bolsa perdida por Bollo, caída no chão, quando ela retornava do mercado.

"De quem seria aquele monte de moedas?", era a pergunta que não cansava de fazer a si mesma, tamanho o nervosismo, enquanto cozinhava, agachada, ao lado do fogão feito com três pedras, do lado de fora de sua casa.

Agora, com o coração aliviado, alegrou-se ao saber que a dinheirama capaz de tirá-la da pobreza tinha um proprietário.

Convicta de que não podia ficar com algo que não lhe pertencia, levantou-se, lavou o rosto e as mãos numa bacia, penteou o cabelo, trocou de roupa e colocou sobre os ombros a mantilha branca que usava para ir à igreja.

Assim que chegou a Lalibela, vislumbrou, do alto de um barranco, o monge e o andarilho conversando à porta do templo talhado num bloco de granito, a muitos metros de profundidade.

— Aqui está a bolsa — disse Zuri, depois de descer as escadas de pedra, entregando-a ao sacerdote. — Fui eu quem a encontrei. Podem conferir, pois não fiquei com nenhuma moedinha.

O sacerdote, antes de passar o saquinho de couro para Bollo, perguntou:

– Afinal, quantas moedas havia na bolsa? Até agora você não me disse o total delas.

Bollo, antes de responder, avaliou que Zuri, por seu ato generoso, devia ser muito rica. Daí, tentando tirar proveito da situação, respondeu:

– Cento e sessenta moedas de prata e quarenta de ouro – mentiu, dobrando o valor que possuía.

– Espero que estejam todas aí – disse o sacerdote, passando a bolsa para o andarilho.

Bollo, então, espalhou as moedas no chão e passou a contá-las bem devagar.

– Tudo certo? – quis saber o sacerdote ao final da contagem.

– Não – respondeu o andarilho. – Falta a metade. Ela deve ter ficado com as outras moedas – acusou, apontando o dedo para a moça.

– **MENTIRA!** – protestou Zuri.

– **É VERDADE!** – insistiu Bollo.

O monge, intrigado com a história, já que a bolsa do mentiroso era muito pequena para caber tantas moedas, resolveu dar um ponto final no bate-boca.

– Chega de discussão! Já sei como solucionar o problema – disse ele. – A bolsa que você alega ter perdido com duzentas moedas só pode ser de um tamanho bem maior. Portanto, este dinheiro não lhe pertence e, sim, a quem o achou – decidiu, entregando as cem moedas de volta para Zuri.

O avarento, furibundo, saiu sem dizer uma palavra. A jovem honesta foi recompensada. E as obras do templo receberam a doação tão sonhada pelo sacerdote.

3. Tudo muda, tudo passa

Um jovem viajante, ao sair de Axum, cidade conhecida por seus obeliscos gigantescos e por abrigar as ruínas do castelo da rainha de Sabá, avistou várias pessoas amontoadas à beira de um barranco. Agitadas, gesticulavam e discutiam entre si, enquanto apontavam para um campo que estava sendo arado.

O rapazinho, curioso, apeou de seu burrico e foi ver o que estava acontecendo.

– O que houve? – quis saber.

– Não está vendo?! – disse um dos espectadores.

– Nunca vi nada tão engraçado – zombou outro, dando uma gargalhada.

O viajante, a princípio, não notou nada de estranho na montanhosa paisagem rural. Mas, ao prestar atenção, percebeu que, em vez de um boi, quem puxava o arado de madeira era um homem.

– Vamos! Vamos! – gritava um feitor, chicoteando as costas do empregado.

A escravidão, praticada durante séculos, já havia sido abolida, embora tardiamente, na Etiópia. Porém, em alguns lugares remotos como aquele, fazendeiros relutavam em cumprir o decreto promulgado em 1942 pelo Imperador Hailé Selassié.

Os olhos do viajante, moço justo e de bom coração, encheram-se de lágrimas na mesma hora. Não contendo a ira, desceu a ribanceira aos tropeções, disposto a tirar uma satisfação.

– ISTO NÃO É MANEIRA DE SE TRATAR UM SER HUMANO!

– recriminou, erguendo o dedo na face do atônito carrasco.

E mais revoltado ficou ao descobrir que o rapazinho sob o peso das cangalhas era tão jovem quanto ele.

– Não chore por mim – disse o acorrentado, levantando a cabeça coberta de suor. – Este é o meu destino. Não se preocupe com a minha sorte. Tudo muda, tudo passa.

O viajante, impressionado com a calma e a resignação do escravizado, deu-se por vencido e prosseguiu em seu caminho.

Vinte anos depois, ao passar a bordo de um sacolejante ônibus pela mesma região onde presenciara um camponês ser tratado igual a um animal, o viajante se surpreendeu com o número de construções erguidas às margens da estrada.

Lembrando-se do triste episódio, desceu em frente a uma das casas com o típico telhado cônico de palha e perguntou à moradora:

— Há muito tempo, quando andei por aqui, eu vi um rapaz puxando um arado, como se fosse uma besta de carga. Você tem alguma notícia dele? Provavelmente deve ter morrido.

— Não — sorriu a mulher. — Deus teve piedade de sua alma. Ele agora é o governador desta província.

— O governador! — exclamou o visitante.

— Sim. Ele mesmo. Se não acredita em minhas palavras, vá até a cidade e confira com seus próprios olhos. Hoje é o dia em que o governador dá audiências públicas.

E foi para a residência oficial, ainda confuso com a novidade, que o viajante se encaminhou. Lá ele teve de aguardar durante horas em uma longa fila até chegar sua vez.

Assim que o viajante entrou no salão de recepções, reconheceu, na mesma hora, o governador. O senhor elegante, com um longo traje de algodão imaculadamente branco, era, sem dúvida alguma, o homem que procurava.

– Quem é você? Seu rosto não me é estranho – perguntou o governador, que, apesar dos cabelos brancos, mantinha o ar sereno da juventude.

– O senhor talvez não se lembre. Mas eu sou o viajante que chorou ao vê-lo puxando um arado embaixo de chicotadas.

– Sim, eu me lembro perfeitamente! Éramos muito jovens na ocasião. Jamais me esqueci do seu gesto. Foi o único que se importou com o meu sofrimento, enquanto os outros riam e caçoavam de mim – disse o governante, dando um forte abraço no recém-chegado.

O viajante, a partir daquele momento, foi tratado durante uma semana como um hóspede de honra. Ele e o governador passaram dias e noites memoráveis, conversando e rindo bastante como se fossem companheiros de longa data. Ao se despedirem, o visitante ganhou uma infinidade de presentes de seu anfitrião.

– Muito obrigado – agradeceu. – Espero que, ao longo de minhas jornadas, possamos nos ver novamente.

– Será sempre bem-vindo, amigo. Mas, lembre-se do que eu falei na primeira vez em que nos encontramos. Tudo muda, tudo passa.

Temporadas de secas, de fome e de guerras se sucederam, antes que o viajante retornasse a Axum. Mas, para sua decepção, ele foi informado de que o antigo governador morrera há poucos anos.

– Onde ele foi enterrado? – perguntou, sem ocultar o pesar estampado em seu rosto.

– Lá em cima – apontou o guarda para uma colina. – Foi sepultado, conforme seu testamento, em uma cova rasa.

O viajante, tristonho, subiu a pé pela íngreme e empoeirada ladeira que dava acesso ao cemitério. Com a ajuda de um coveiro, mirrado e pálido, encontrou a sepultura simples e sem enfeites. Para enxergar o que estava escrito na lápide rente ao chão, o viajante teve de se abaixar e colocar os óculos de lentes grossas na ponta do nariz. E o que leu não o surpreendeu. As palavras gravadas na pedra só podiam ser as que ele havia imaginado:

TUDO MUDA, TUDO PASSA.

Tudo muda, tudo passa. Os anos, assim como as lentas caravanas de camelos, não paravam de passar. Não existiam mais imperadores na Etiópia. Presidentes, eleitos pelo povo, haviam assumido os lugares dos poderosos monarcas. O viajante, idoso e doente, resolveu prestar uma última homenagem ao velho amigo.

Ao chegar a Axum, mal reconheceu a cidade. As ruas de terra batida haviam cedido lugar a avenidas pavimentadas, onde carros disputavam espaços nas vias que eram ocupadas antigamente pelos burricos dos camponeses. Admirado com o progresso e o crescimento do lugar, sentou-se num banquinho para tomar um cafezinho aromatizado feito na hora, servido à maneira tradicional em plena calçada.

Já que as pernas, combalidas pelo peso da idade, não lhe permitiam maiores esforços, pegou um táxi para ir ao cemitério. Levava, nas mãos trêmulas e enrugadas, um ramo de flores para depositar na cova do ex-governador.

Seu esforço foi em vão. No topo da colina não havia o menor vestígio de qualquer sepultura. Em vez dos túmulos, encontrou um bando de operários trabalhando a todo vapor ao som de britadeiras barulhentas.

– O que aconteceu com o cemitério? – perguntou, alçando a voz ao motorista de um trator.

– Não existe mais. Foi aterrado – explicou o tratorista. – Em seu lugar vai ser construído um hotel. Daqui do alto os turistas poderão ter uma vista panorâmica das montanhas em torno da cidade.

O idoso viajante, pensativo, retirou-se em silêncio.

O seu amigo, recordou, estava coberto de razão:

TUDO MUDA, TUDO PASSA.

4. Os dois pastorzinhos

Kaldi era um pastorzinho de cabras que, em busca de pastagem para o seu rebanho, conduzia os animais diariamente pelas trilhas das montanhas ao redor do povoado onde nascera, na província de Amara, uma região famosa por suas terras altas e pelo lago Tana, que, além de ser o maior da Etiópia, é também a fonte do rio Nilo Azul.

– Andem! Andem! – incentivava, cutucando os cabritinhos retardatários com a ponta do seu inseparável cajado.

As cabras, vorazes como sempre, devoravam qualquer matinho que encontrassem pela frente. Por isso, Kaldi tinha que mudar de lugar constantemente.

Foi durante uma dessas andanças em meio a desfiladeiros e precipícios estonteantes que ele conheceu uma garota de sua idade, pastorinha também, chamada Aziza.

As crianças, apesar da timidez inicial, logo fizeram amizade. A partir daquele encontro, tornaram-se inseparáveis. Os dois, enamorados, passavam horas trocando

confidências, sem perder os rebanhos de vista, pois as cabras eram um dos alvos preferidos das hienas ocultas entre os rochedos.

Kaldi, mal o sol raiava, arrumava-se às pressas, ansioso para rever a parceira, que, aos seus olhos, era bonita como uma estrela.

A garota, por sua vez, considerava-o tão lindo quanto um príncipe formoso das histórias que a avó lhe contava ao anoitecer. Tanto que ela se ajeitava e se perfumava toda com o incenso da mãe antes de sair de casa.

O casalzinho, durante as árduas subidas rumo aos montes que pareciam tocar o céu, entretinha-se recontando os casos e anedotas que os idosos da aldeia narravam ao redor das fogueiras, depois de os animais terem sido recolhidos aos currais.

– Você sabe por que os sapos cantam *Aytal! Aytal!* (Ai de nós! Ai de nós!) todas as noites? – perguntou, certa feita, Kaldi.

– Não – respondeu Aziza.

– Foi por causa de um incêndio na mata ao redor do lago Tana. Os aldeões, para apagar o fogo, começaram a tirar água da grande lagoa. Os sapos, com medo de serem apanhados pelos baldes e jogados nas chamas, puseram-se a gritar em desespero: *Aytal! Aytal!* (Ai de nós! Ai de nós!) – concluiu Kaldi, provocando uma risadaria geral.

Logo adiante, ao alcançarem um trecho elevado, observaram que as cabras começaram a se comportar de uma forma estranha depois de pastar, numa animação só, saltitando pra cá e pra lá como se estivessem bailando numa festa de casamento.

– Parece que beberam vinho – brincou Kaldi.

– Tem razão – concordou Aziza. – É a primeira vez que eu as vejo tão agitadas desta maneira.

– Deve ser alguma planta que elas comeram – opinou o pastorzinho, preocupado com as nuvens escuras que começavam a pairar sobre eles.

– Qual delas? Há tantas por aqui – questionou a menina, no instante em que o estrondo de um trovão ecoou entre as montanhas.

– Não sei. Vamos, temos de ir embora antes que a chuva desabe. Amanhã tentamos descobrir – apressou Kaldi, pegando o longo cajado que usava para tanger e proteger o rebanho.

E lá se foram os dois pastores, ladeira abaixo, tocando as cabras para os cercados onde ficariam a salvo das feras selvagens.

No outro dia, o jovem casal, ao se encontrar aos pés da montanha, nem precisou orientar as cabras para o local onde elas haviam enlouquecido como se picadas por um enxame de abelhas. Os próprios bichinhos tomaram a iniciativa de disparar morro acima numa carreira desenfreada.

Desta vez, ao alcançarem o topo da montanha, Kaldi e Aziza prestaram bastante atenção para saber qual dos alimentos causava tanto reboliço em seus rebanhos.

Logo descobriram os responsáveis pela incomum agitação. As cabras, em instantes, puseram-se a mastigar os frutos avermelhados de uma espécie de arbustos desconhecidos pelos dois pastores. Pelo visto, deduziram, aquelas plantas só cresciam em lugares muito altos.

Não demorou muito para que os animais, à medida que beliscavam os galhos, se pusessem a bailar novamente pelo relvado, dando piruetas descontroladas.

As crianças, curiosas, resolveram experimentar os grãos que deixavam os bichinhos em tal estado de euforia. Mas os acharam duros e amargos demais.

– Só essas esfomeadas mesmo para gostarem disso – criticou Kaldi.

– Se deixar, elas comem até pedras – brincou Aziza.

Mesmo assim, ao voltarem para casa, levaram um punhado das frutinhas e as entregaram a um monge que morava num monastério na entrada do vilarejo, para ver se ele desvendava o mistério.

O homem santo, após escutar o relato das crianças, pegou um dos frutos para provar. Contudo, por precaução, antes de levá-lo à boca, benzeu-o com a cruz de prata que trazia ao pescoço.

– Hum – murmurou o sacerdote, fazendo uma careta. – Não tem gosto de nada – reclamou, jogando os frutinhos, rubros como fogo, na lareira que os sacerdotes mantinham acesa para se aquecer do frio das montanhas.

Naquela mesma noite, os monges acordaram com um aroma delicioso invadindo os corredores do silencioso templo.

Perceberam, então, que o cheiro, tão bom, provinha dos grãos torrando ao fogo.

– Que tal triturá-los num pilão e misturá-los com um pouco de água fervente? – sugeriu um dos sacerdotes.

Dito e feito.

O líquido escuro, depois da coagem, adoçado com mel e umas pitadas de cravo e canela, além do sabor divinal, manteve os religiosos acordados e falantes até o amanhecer.

E foi desse modo, graças aos dois pastorzinhos, que os monges etíopes inventaram uma das bebidas mais populares e consumidas mundo afora: **O CAFÉ!**

5. O ciclo da vida

O Todo-Poderoso, depois de criar os habitantes de nosso planeta, deu a suas criaturas uma série de atributos e estipulou, inclusive, os anos de vida que cada uma delas teria ao longo da existência.

Assim quis, decidiu e fez o Senhor do Céu, da Terra, dos Mares e dos Rios.

O primeiro a receber o que lhe havia sido destinado foi o jumento.

Sim, esse mesmo animalzinho, dotado de uma força descomunal, que ainda trota pacientemente pelas estradas rurais da Etiópia.

– Você, por ser desprovido de inteligência, trabalhará de sol a sol carregando pesadas cargas – ditou o Criador de Todas as Coisas.

– E EU VOU ME ALIMENTAR DE QUÊ? – quis saber o surpreso jegue, balançando as orelhas compridas.

– Apenas de capim. Mas, em compensação por esse trabalho tão duro, lhe darei 50 anos de vida.

O jumentinho, que não era burro, zurrou:

– Se for pra viver nessa penúria, me dê então apenas 20 anos de sofrimento.

– Pedido atendido – decretou o Divino.

O segundo a ter sua sorte definida foi o cachorro.

– Você, por seu temperamento dócil e fiel, tomará conta da casa dos homens e os ajudará a pastorear seus rebanhos.

– O que eu irei comer? – quis saber o cão, arregalhando a dentuça.

– Não se preocupe. Seu dono o alimentará com as sobras da própria comida.

– SÓ ISSO?

– Terá direito também a comer carne crua e roer ossos. Portanto, eu lhe concedo 30 anos ao lado de seu amo.

O cachorro, antevendo a trabalheira que teria pela frente, rosnou:

– Prefiro uns 15 anos.

– Perfeito – concordou o Todo-Poderoso.

O terceiro a ter a sua trajetória selada foi o macaco.

Ele quase caiu da árvore onde tirava uma soneca quando soube da parte que lhe caberia neste mundo.

– Você passará os 20 anos da vida que lhe darei pulando de galho em galho. E, caso seja preso e enjaulado, divertirá as pessoas com suas macaquices – profetizou Aquele Que Tudo Sabe e Que Tudo Ouve.

— NEM PENSAR! – protestou o saltitante e irrequieto animal.

– Qual é o seu desejo?

– 10 anos tá ótimo pra mim.

– Sem problema – aceitou o Todo-Poderoso.

O último a ter o seu destino traçado foi o primeiro ser humano na face da Terra, um etíope de pele negra.

– Você, por sua inteligência e capacidade inventiva, dominará os outros animais. Por isso, creio que 20 anos de existência lhe seja suficiente.

O homem, antes de se decidir, pôs-se a pensar se valia a pena ou não aceitar a oferta.

– 20 anos é muito pouco – respondeu finalmente.

– Pensei que iria gostar. Os animais, como deve estar sabendo, apesar da minha generosidade, escolheram viver bem menos do que você está pedindo.

– Eu não sou como eles. Quero desfrutar o máximo de anos possíveis.

— Quantos?

— Proponho o seguinte... — disse o homem, ao mesmo tempo que se punha a calcular, com a ponta dos dedos, a quantidade de anos desejada.

O Todo-Poderoso, impaciente com a demora, desabafou:

— Desembuche logo, pois seu tempo já está se esgotando.

— Bom, eu quero que o senhor, depois dos meus primeiros 20 anos de vida, me conceda os 30 anos que o jumento não quis.

— Concedido.

— E acrescente os 15 anos que o cachorro desprezou.

— Concedido também.

— E também os 10 anos que o macaco recusou.

— 75 anos no total. Não é muito? — questionou Aquele Que Tudo Sabe e Que Tudo Vê e Escuta.

— Não. Isso mesmo.

— Se é o que deseja, permissão concedida — decretou o Todo-Poderoso.

Os homens, desde essa data, vivem os seus primeiros 20 anos de vida alegres e despreocupados, sem se importar com o passar do tempo.

Ao alcançarem a fase adulta, trabalham pra burro durante 30 anos.

Na idade madura, depois que os filhos crescem e saem do lar, passam 15 anos cuidando da casa.

E quando se tornam idosos, empregam os 10 anos que lhes restam fazendo gracinhas para entreter os netos.

Assim é o ciclo da vida.

6. O poço de Abunawas

Não há na Etiópia quem não saiba ou não tenha escutado falar das espertezas de Abunawas. Suas histórias, espalhadas como folhas ao vento, ecoam até hoje pelos recantos mais distantes do país.

Esse astucioso personagem, que viveu há muitos séculos, era conhecido não só por sua lendária sagacidade, mas também por seu espírito brincalhão e gozador, sobretudo por fazer as outras pessoas de bobas. Lucrava, desse modo, com a boa-fé dos que caíam em sua conversa.

Certo dia, quando ele estava no casebre que havia construído à beira de uma estrada para atrair incautos que por ali passassem, avistou, ao longe, um viajante e sua montaria se aproximando em meio às dunas do deserto.

"O camelo deve ter farejado o cheiro da água", pensou, olhando pela janela para o poço que ele cavara recentemente no quintal.

Abunawas, antes que o intruso batesse à sua porta, correu para o terreno arenoso e escondeu dentro do poço o único bode que possuía.

Logo depois, o forasteiro, conduzindo um camelo com sacolas cheias de sal amarradas no corpo do resistente animal, disse as saudações de costume:

— A paz esteja contigo.

— E contigo também. O que você deseja?

— Eu e meu animal estamos sedentos. Faz dias, desde que nos perdemos durante uma tempestade de areia da nossa caravana, que não encontramos uma gota de água para beber. E, por ainda estarmos distantes da cidade onde pretendo trocar a carga que levo por presas de elefantes, imploro a sua benevolência.

Abunawas, como prova de sua hospitalidade, pegou o balde preso por uma longa corda e lançou-o no fundo do poço, rodeado por centenas de chifres enterrados no chão, como se fossem cruzes de um cemitério, com as pontas dos chifres virados para fora da terra.

Para espanto do cameleiro, tão logo o vasilhame foi puxado de volta, surgiu um bode enroscado nas cordas, balindo como um condenado. Sem entender direito o que havia acontecido, tratou primeiro de saciar a sua sede e a do camelo.

— Como é que este bode foi parar no interior do poço? – perguntou, após enxugar a boca com a palma da mão calejada.

— Está vendo as pontas desses chifres espetados pelo solo? – mostrou Abunawas.

— Sim, foi a primeira coisa que me despertou a atenção quando eu cheguei. Mas, por educação, preferi me calar.

— São chifres de bodes. Quando eu arranco qualquer um deles, sai um animal igualzinho do poço. Foi o que eu fiz pouco antes de você chegar.

O incrédulo visitante, como todo bom mercador, fez questão de comprar a pequena propriedade.

— Eu lhe dou, em troca de sua casa, o camelo e a carga de sal que estou levando – ofereceu, extasiado com os bodes que brotavam do chão como se fossem plantas.

"Bem mais fácil ganhar a vida assim do que efetuar as longas e cansativas viagens de camelo através do deserto", pensou o negociante.

— Se é para sua felicidade, eu aceito – concordou Abunawas, sonhando com os lucros, pois o sal, difícil de obter em paragens tão isoladas, valia ouro naquela região.

Os dois, então, selaram o negócio com um forte aperto de mãos.

– Ah, antes de nos separarmos, gostaria de saber seu nome – solicitou o comprador.

– Eu me chamo Nargus-fen – mentiu Abunawas, dando um nome que, na gíria local, significava "Onde eu posso dançar?".

Feita a troca, Abunawas despediu-se e saiu puxando o camelo com a preciosa carga de sal.

A primeira providência que o novo proprietário da casa tomou, ao acordar na manhã seguinte, foi puxar um dos chifres espalhados pelo terreno. No entanto, o balde que ele tirou do poço veio apenas com água. Nada do bode prometido.

No outro dia a mesma cena se repetiu. Fulo de raiva, arrancou o monte de chifres a pontapés.

– FUI ENGANADO! Aquele sujeito tem de me devolver o camelo e a carga de sal – bradou, tomando imediatamente o rumo da aldeia mais próxima.

Assim que entrou no solitário vilarejo, saiu questionando as poucas pessoas que encontrava pelas estreitas ruelas:

– Vocês conhecem Nargus-fen?

Os moradores, pensando que ele era louco, debochavam e zombavam do mercador:

– Se quiser pode dançar ali mesmo na praça.

O pobre homem, embora atordoado com as gozações, insistia na mesma pergunta:

– Vocês conhecem ou não Nargus-fen? – continuava a indagar aos passantes, perseguido por um bando de crianças barulhentas que gritavam:

– DANCE AQUI! DANCE AQUI!

A bagunça era tanta que o chefe da comunidade, um ancião de longas barbas brancas, quis saber o que estava acontecendo.

– Quem é você? E por que faz essa pergunta idiota o tempo todo?

O forasteiro, mesmo cansado e suado de tanto andar, contou a história de como havia sido ludibriado por um homem chamado Nargus-fen.

– Você sabe o significado deste nome?

– Não.

– Nargus-fen quer dizer "Onde eu posso dançar?". Por isso estão rindo de você. Não existe ninguém aqui com esse nome. O tratante que te passou a perna a esta hora já deve ter vendido o camelo e o sal por uma boa quantia.

O cameleiro, envergonhado por ter caído no golpe de Abunawas, retirou-se, cabisbaixo, e nunca mais foi visto por aquelas bandas.

Autor e obra

Sou escritor, palestrante, dinamizador de oficinas e contador de histórias. Atualmente, leciono Literatura Africana na Pós-Graduação em Literatura Infantil da Universidade Candido Mendes, Ucam-RJ. Tenho dedicado boa parte de minha carreira literária ao estudo da história e da literatura oral do continente africano, sempre apoiado em minha experiência como professor-voluntário durante dois anos, a serviço das Nações Unidas, em Guiné-Bissau e, também, nas constantes pesquisas por vários países desse continente irmão.

No decorrer de trinta anos como autor de literatura infantil e juvenil, publiquei mais de cem livros. Alguns deles foram traduzidos e editados na Alemanha, Espanha, Suécia, Dinamarca, Estados Unidos, México, Colômbia, Argentina, Haiti e Gana. Entre os vários prêmios que recebi, destaco o da Academia Brasileira de Letras, em 2005, pelo conjunto de minha obra.

Rogério Andrade Barbosa

Painel de fotos

Fotos: Arquivo do autor

O autor com o monge de um mosteiro encravado no topo de uma montanha, em Lalibela.

Foto aproximada do autor com o monge, em Lalibela.

O autor contando histórias na escola pública 8 de Março, em Adis Abeba.

O autor lendo uma história para alunos da escola pública 8 de Março, em Adis Abeba.

O autor escutando histórias narradas por alunos da escola pública 8 de Março, em Adis Abeba.

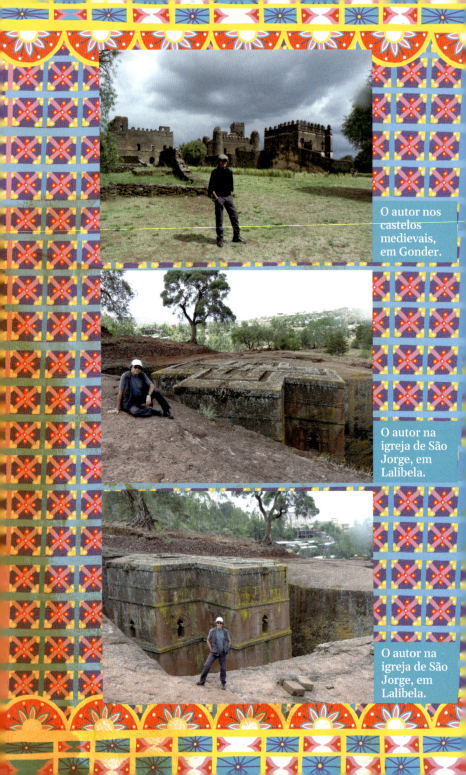

O autor na igreja Debre Berhan Selassie, em Gonder.

O autor com o monge da igreja Debre Berhan Selassie, em Gonder.